DIE REIHE
Archivbilder

DÜSSELDORF-DERENDORF

DIE REIHE
Archivbilder

DÜSSELDORF-DERENDORF

Rainer Nolden

SUTTON
VERLAG

Sutton Verlag GmbH
Hochheimer Straße 59
99094 Erfurt
http://www.suttonverlag.de

ISBN-10: 3-89702-404-7
ISBN-13: 978-3-89702-404-5

Druck: Oaklands Book Services Ltd., Stonehouse / GL, England

Inhaltsverzeichnis

Bildquellen

Stadtarchiv Düsseldorf
Derendorfer Jonges
Kreuzkirche
Brauerei Schlösser
Firma Rheinmetall AG

Literatur

Flickenschildt, Elisabeth: Kind mit roten Haaren. Hamburg 1971
Golls, Wilhelm: Leben auf dem immergrünen Grund der Hoffnung (Eigenverlag, 2000)
Lorentz, Lore: Düsseldorf und der Düsseldorfer. Freiburg 1985
Müller, Beatrix, und Marianne Tilch (Hg.): Düsseldorf. Texte und Bilder aus vier Jahrhunderten. Stuttgart 1991
Weidenhaupt, Hugo (Hg.): Düsseldorf. Geschichte von den Ursprüngen bis ins 20. Jahrhundert. 4 Bde. Düsseldorf 1988
„Derendorf – einst und jetzt", hrsg. vom Heimatverein Derendorfer Jonges. Düsseldorf 1966
„1956-1996: 40 Jahre Heimatverein Derendorfer Jonges". Düsseldorf 1996
„100 Jahre Düsseldorf". Sonderdruck der Westdeutschen Zeitung. 2000

Derendorf – Versuch einer Standortbestimmung

Die Grenzen einer Stadt sind mit Hilfe von Ortsschildern leicht zu erkennen; auf dem Papier lassen sie sich kartographisch exakt darstellen: Wo, zum Beispiel, Düsseldorf draufsteht, ist auch Düsseldorf drin. Das gilt für die Hinweisschilder, die auf den Einfallstraßen im Norden, Süden, Westen und Osten den Beginn des Gebietes der nordrhein-westfälischen Landeshauptstadt markieren. Bei den Stadtteilen dagegen scheinen die Verhältnisse nicht so eindeutig geklärt – zum Beispiel was den Stadtteil Derendorf betrifft. „Derendorf? Pempelfort? Golzheim? Wo liegen die Grenzen?" lautete der vielsagende Titel eines Artikels der Festschrift, die zum 40jährigen Bestehen des Heimatvereins „Derendorfer Jonges" im Jahr 1996 erschien. Darin heißt es: „Da war vor wenigen Monaten in einer Düsseldorfer Zeitung zu lesen, daß eine Jugendorganisation in die Lacombletstraße nach ‚Derendorf' umzieht, und nur wenige Tage danach verlegte dieselbe Zeitung im gleichen Zusammenhang die Lacombletstraße nach ‚Mörsenbroich'. Die Lacombletstraße befindet sich aber zweifellos im Düsseltal, ebenso wie die Buschermühle der Derendorfer Jonges. Fast zur gleichen Zeit war aus besonderen Anlässen mehrfach vom Marienhospital und Sankt Vinzenzkrankenhaus in ‚Derendorf' zu lesen. Wer jedoch in einer (sic!) der beiden Krankenhäuser das Licht der Welt erblickt hat, wurde bereits in Pempelfort geboren. Sollte aber das Menschlein in der Kirche St. Dreifaltigkeit getauft worden sein, so geschah dies bereits wieder in Derendorf." (40 Jahre Heimatverein Derendorfer Jonges – 1956-1996, Band 3, S. 32)

Grenzenloses Derendorf? Wenn selbst eine Lokalzeitung Schwierigkeiten mit den – im Lauf der Jahrhunderte immer wieder verschobenen – Gebietsgrenzen hat, so kann der Heimatverein mit diesem Problem erst recht gut leben. Schließlich fühlt er sich, trotz des stadtteil-spezifischen Namens, neben Derendorf auch verantwortlich für Pempelfort und Golzheim (was er auf jedem seiner monatlich erscheinenden Hefte dokumentiert); jene Stadtteile, die sich Derendorf zum Süden beziehungsweise Westen hin anschließen. Die Entscheidung der „Jonges", alle drei Bezirke unter ihre Fittiche zu nehmen, kommt denn auch nicht von ungefähr: Zumindest an den jeweiligen Übergängen zu Derendorf verwischen sich die Grenzen, und das liegt einerseits in der Geschichte, mehr jedoch noch andererseits im Emotionalen begründet. Man sage einem Menschen, der auf der Nordstraße, einer der quirligsten Geschäftsstraßen in Düsseldorf, lebt und/oder arbeitet, „eigentlich" gehöre er ja zu Pempelfort. Er wird es heftig bestreiten. Nicht, daß er etwas gegen Pempelfort hätte. Nur: rein gefühlsmäßig ist die Nordstraße eben pures Derendorf.

Dessen Lokalpatrioten – zumindest jene der ganz vehementen Sorte – bezeichnen die Nordstraße sogar gern als „nördliche Verlängerung der Königsallee". Dem muß man nicht unbedingt zustimmen, nicht nur, weil diese Verlängerung allenfalls mit Hilfe von ein paar bedenklich wackelnden Brücken, sprich: nicht schnurgerade verlaufenden Verbindungsstraßen zustande kommt. Tatsache ist jedoch, daß die Nordstraße nach Königsallee und Schadowstraße in der Innenstadt die beliebteste Einkaufsstraße Düsseldorfs ist. Wer hätte nicht gerne so eine Straße in seinem Viertel? Die Verwischung der Grenzen hat allerdings auch historische Gründe – zur Zeit der Erweiterung des urprünglichen Düsseldorfs wurde 1384 auch der „Bindestrichstadtteil" Golzheim-Derendorf eingemeindet; auch die statistischen Bezirke, in denen die wahlberechtigten Bürger zusammengefasst werden, spielten eine Rolle (vgl. Weidenhaupt, Düsseldorf. Geschichte von den Ursprüngen bis ins 20. Jahrhundert, Bd. 1, S. 179). So gab es bis zum Kriegsende immer noch den Stadtteil Derendorf-Golzheim, der zunächst zu Derendorf-Nord wurde und nach der Volkszählung 1961 nur noch Derendorf hieß. Nach 1945 wurde das frühere Hofgartenviertel, das heutige Pempelfort, als Derendorf-Süd geführt.

Mit 3,34 Quadratkilometern steht Derendorf in der Rangliste der Stadtteile Düsseldorfs an zwölfter Stelle (das Stadtgebiet insgesamt beträgt 217 Quadratkilometer); nach den Erhebungen des Jahres 2001 leben 18.029 Menschen in Derendorf. Damit liegt der Stadtteil auch bevölkerungsmäßig auf Platz 12. Noch einen anderen Vorteil bringt die stillschweigende Vereinnahmung der angrenzenden Gebiete an Derendorf mit sich: So kann dieser Stadtteil bereits um die Wende vom 19. zum 20. Jahrhundert als eine der Keimzellen der Düsseldorfer Kunstszene ausgewiesen werden, die in den folgenden Jahrzehnten Weltgeltung erlangen sollte. („In Düsseldorf ist der Künstler recht zu Hause", hatte auch der Komponist Carl Loewe anlässlich eines Besuches im August 1837 festgestellt; zit. nach: Düsseldorf, hg. v. Beatrix Müller und Marianne Tilch, S. 194). In der bereits zitierten Festschrift heißt es nämlich an anderer Stelle: „Der Erwerb des Musensitzes des Philosophen Friedrich Heinrich Jacobi durch den Künstlerverein ‚Malkasten' erweckte in Derendorf große Befriedigung; man nahm an, daß nunmehr eine Reihe Künstler sich dort niederlassen würden. In der Tat haben denn auch viele namhafte Künstler in Derendorf, vielleicht noch mehr am Südrand von Derendorf, sich angesiedelt ..." (40 Jahre Heimatverein Derendorfer Jonges, Bd. 3, S. 18) Unter diesen – historischen wie statistischen – Gegebenheiten sei es auch in diesem Band gestattet, kommunalpolitisch ebenso großzügig zu sein und auf den folgenden Seiten die Geschichte des Stadtteils Derendorf unter Einbeziehung der unmittelbaren Nachbarbezirke zu dokumentieren.

Derendorf, das ursprünglich „Therenthorpe" und ab dem 13. Jahrhundert „Deyrendorf" beziehungsweise „Derendorp" hieß, wurde erstmals in einer Urkunde des Klosters Kaiserswerth erwähnt, und zwar um 1100, also rund 60 Jahre früher als Düsseldorf, das namentlich erstmals 1159 in einer Urkunde auftaucht („Der Derendorfer", Nr. 5, 1981, S. 206). Nach anderen, jedoch ungesicherten Quellen, wird die Stadt allerdings schon 1135 erwähnt (vgl. Weidenhaupt, aaO., S. 167). Der Name Derendorf hängt zusammen mit dem mittelhochdeutschen Wort „ter", das soviel wie Baum, Strauch oder auch Hecke bedeutet. Derendorf war also „das Dorf im Gebüsch" (Vgl. dazu die Festschrift „40 Jahre Heimatverein Derendorfer Jonges", 1956-1996, Bd. 3, S. 12). Am 14. August 1288 stellte Graf Adolf die Gründungsurkunde für die Stadt Düsseldorf aus; knapp hundert Jahre später, im April 1384, wurde die Honschaft („Bezirk") Derendorf im Rahmen der Stadterweiterung von Düsseldorf durch Herzog Wilhelm I. von Berg eingemeindet, der damit die räumlichen Voraussetzungen für eine Residenz schaffen wollte. Vor allem aber konnte die Stadt nun Einrichtungen, die sie nicht im Zentrum beziehungsweise in Zentrumsnähe haben wollte, auf die umliegenden Gebiete auslagern. So wurde 1659 in Derendorf ein Haus für Geisteskranke eröffnet, das 1807 schloß. Um 1700 befand sich in der Gegend des heutigen „Dreieck" ein Krankenhaus, in dem Aussätzige untergebracht wurden – und das, nebenbei, auch Mördern und Straßenräubern Unterschlupf bot. (Als der Kurfürst Johann Wilhelm, genannt „Jan Wellem", davon erfuhr, ließ er sämtliche Siechenhäuser schließen.) Ab 1774 war Derendorf darüber hinaus Schauplatz spektakulärer Hinrichtungen: Der Galgen, bis zu jenem Jahr auf dem Wehrhahn aufgestellt, wurde auf den „Geisten" errichtet, etwa an jener Stelle, wo heute Collenbach- und Ulmenstraße zusammentreffen.

Der Großteil der Bevölkerung – zwischen 1663 und 1871 stieg die Zahl der steuerpflichtigen Bürger von 133 auf 940 (vgl. dazu „Derendorf – einst und jetzt", hrsg. vom Heimatverein Derendorfer Jonges, [1966], S. 70) – bestand aus Bauern und Handwerkern, die ihren Nachwuchs für die Arbeit auf den Gehöften und Betrieben brauchten. Deshalb war die Volksschule – Derendorf gehörte zu den wenigen Orten, die über eine derartige Lehranstalt verfügten;

bereits 1675 soll eine Schule existiert haben – auch nicht sonderlich gut besucht (s. „Derendorf – einst und jetzt“, S. 77). Was man von den verhältnismäßig zahlreichen Wirtshäusern sicherlich nicht sagen konnte. Überhaupt entwickelte sich Derendorf schon früh zu einem Ort für Bierbrauer. 1732 wird erstmals eine Brauerei und Gastwirtschaft „Zu den sieben Schwaben“ erwähnt, aus der 1823 der Schwabenbräu hervorging. 1869 nahm die Dietrich-Brauerei ihren Betrieb an der Duisburger Straße auf, 1897 folgte die Hirschbrauerei in der Tußmannstraße. Zu den ältesten Düsseldorfer Brauern gehört die Bäckerfamilie Schlösser, die nach mündlichen Überlieferungen bereits zu Beginn des 17. Jahrhunderts mit der Bierherstellung begann, allerdings nicht in Derendorf, wohin das Unternehmen erst im vergangenen Jahrhundert zog, sondern in der Altstadt. Neben den Brauereien, deren Anteil an der Ernährung der Bevölkerung nicht unterschätzt werden darf, sorgten und sorgen in Derendorf für das leibliche Wohl der Düsseldorfer der Schlachthof sowie der Großmarkt und bis 1989 auch noch der Milchhof.

So konnte die „Neue Rhein Zeitung“ am 26. Februar 1966 noch zu Recht schreiben: „Als selbständige Stadt wäre dieser Stadtteil völlig autark, denn er ist nicht nur Umschlagplatz lebenswichtiger Güter, sondern auch Produktionsstätte: Mit Rheinmetall beherbergt er die Großindustrie. Autos rollen in den Mercedes-Benz-Werken vom Fließband, und in den Hinterhöfen, von den Straßen selten ersichtlich, liegt eine Unzahl von kleinen und größeren Handwerksbetrieben.“ Was wiederum lokalpatriotische Derendorfer zu dem Ausspruch veranlaßte, eher könne Derendorf ohne Düsseldorf leben als umgekehrt. Daß sich in Derendorf zudem noch die meisten Kriminellen von ganz Düsseldorf aufhalten, liegt weniger an der Sozialstruktur seiner Bewohner, sondern an dem Umstand, daß hier die Justizvollzugsanstalt „Ulmer Höh“ beheimatet ist. Das Gefängnis steht seit 1893 in Derendorf, weil die ehemalige Strafanstalt an der Akademiestraße zu klein und baufällig geworden war.

Nicht zuletzt ist Derendorf auch in kultureller Hinsicht durchaus autark. Das Gut Collenbach war im 19. Jahrhundert, nachdem es der Schriftsteller und Theaterleiter Karl Immermann erworben hatte, Treffpunkt für Maler (Carl Friedrich Lessing, Karl Schnaase), Musiker (Norbert Burgmüller) und Dichter (Christian Dietrich Grabbe). Und was Heinrich Heine für Düsseldorf ist, das ist für Derendorf, sozusagen auf dem Gebiet der leichteren Muse und sanfteren Satire, der Schriftsteller Heinrich Spoerl, der als Anwalt zeitweilig eine Kanzlei in der Sommersstraße hatte. Aber nicht diese Tätigkeit, sondern sein Roman „Die Feuerzangenbowle“ hat ihm Unsterblichkeit beschert. Was beide Schriftsteller eint: Sie haben Düsseldorf beziehungsweise Derendorf verlassen, ehe sie auf dem Zenit ihres Ruhms angekommen waren. Schließlich haben echte Derendorfer auch das Theater und den Film bereichert: Dazu gehören etwa die Schauspieler Kurt Großkurth, Hans Müller-Westernhagen und der Sensationsdarsteller Harry Piel.

Das einst von „Bäumen umgebene Dorf“ verschmilzt inzwischen mit dem Zentrum von Düsseldorf. Dennoch gehört es nicht zu den „touristischen“ Bezirken der Landeshauptstadt wie die Altstadt, Kaiserswerth im Norden oder Benrath im Süden, die über „die längste Theke der Welt“ beziehungsweise eine historische Ruine oder ein prächtiges Schloß verfügen. Es hat auch keine ausgesprochen eleganten Wohnviertel, weder architektonisch bemerkenswerte Gebäude noch eindrucksvolle Kirchen, die einen Besuch lohnen. Auch seine einzigen Parkanlagen, der Münster-, Spichern-, Klever- und Frankenplatz, sind, eingezwängt zwischen vielbefahrenen Verkehrsstraßen, eher Staub- als grüne Lungen. Das einzige Derendorfer Grünareal, in dem man wirklich Ruhe findet, ist der Nordfriedhof. Aber da will natürlich keiner hin, solange man es irgendwie vermeiden kann. Bleibt der Park rund um die Buschermühle mit der restaurierten und funktionsfähigen Mühle, ein Ort zum Feste feiern und vor allem ein beliebtes Erholungsgebiet – und der gehört, strenggenommen, zu Düsseltal, siehe oben. Quasi als Ausgleich für die nur spärlich vorhandene Natur bot Derendorf seinen Bewohnern mit der um die Wende vom 19. zum 20. Jahrhundert einsetzenden Industrialisierung ausreichend Arbeit. Mehrere Betriebe ließen sich ab den 30er Jahren des 19. Jahrhunderts hier und im benachbarten Pempelfort nieder. Vielleicht ist es dem Derendorfer auch deshalb nicht unangenehm, wenn er sein Gebiet bis nach Pempelfort oder Golzheim „ausweiten“ kann. Derendorf verfügt nicht über eine Straße wie die Pempelforter Prinz-Georg-Straße, die mit großzügigen, vom Krieg weitgehend verschonten Häusern bebaut ist und durch deren Mitte zudem noch einer der wenigen nicht zubetonierten Seitenarme der Düssel fließt (oder besser gesagt: dümpelt). In Derendorf gibt es auch keine elegante Straße wie die herrschaftliche Cäcilienallee in Golzheim mit prächtigen Häusern, aus deren Fenstern man einen nur durch eine weitläufige Parkanlage „verbauten" Blick auf den romantischsten aller Ströme, den Rhein, werfen kann (wenn er auch in Düsseldorf nicht mehr ganz so romantisch der Nordsee zuströmt).

Dennoch gibt es Lob für Derendorf aus prominentem Munde. „Wo Düsseldorf noch echt ist? Das ist heute eher in Wersten, Flehe, Rath, Derendorf und Bilk." Die Kabarettistin und „Kom(m)ödchen"-Mitgründerin Lore Lorentz schrieb dies 1985 in ihrem Buch „Düsseldorf und der Düsseldorfer", eine kritische Liebeserklärung an und liebevolle Kritik über die Stadt. Anders als in der Altstadt, begründet sie ihre Behauptung, seien die Düsseldorfer in diesen Stadtteilen noch unter sich (und unbehelligt von Besucherströmen, die sich vor allem über die Königsallee und durch die Altstadt ergießen). Vielleicht bedarf es dieses Blicks von außen, um derlei Eigenschaften und Besonderheiten eines Stadtteils zu erkennen. Schließlich lebte sie selbst fernab von Derendorf, in einer ganz anderen Welt. In Oberkassel nämlich.

Die Fotografien in diesem Buch dokumentieren den Zeitraum von etwa 1880 bis 1970. Sie sind nach Epochen geordnet; auf diese Weise läßt sich die Entwicklung des gebietsweise noch weit bis ins 20. Jahrhundert ländlich-idyllisch geprägten Bezirks zum industriell-großstädtischen Ort am deutlichsten nachvollziehen. Die Bilder zeigen die Bewohner Derendorfs in ihrer Arbeitswelt und in ihrem Privatleben. Gleichzeitig liefern sie den Beweis dafür, in welcher Weise die „große Politik" in einem für die Historie relativ unbedeutenden Stadtteil ihre Spuren hinterlassen hat: Die Auswirkungen der Revolutionen in der Zwischenkriegszeit und natürlich die Jahre des Nationalsozialismus prägten das Leben auch der Derendorfer nachhaltig. „Weltgeschichte" war kein abstraktes Phänomen. Sie wurde zwar in Berlin und anderen Hauptstädten gemacht, aber sie war für jeden Menschen bis in sein privates Umfeld erfahrbar.

Für die Gestaltung des Bandes war die Ausbeute aus privaten Fotoalben sehr gering. Ergiebiger waren die Archive der Evangelischen Kreuzkirche und Festschriften der Dreifaltigkeitskirche sowie das Fotoarchiv der Schlösser-Brauerei, der Firma Rheinmetall AG und natürlich des Heimatvereins „Derendorfer Jonges", auf die ich dankenswerter Weise zurückgreifen konnte. Die meisten Abbildungen stammen jedoch von Vorlagen aus dem Stadtarchiv Düsseldorf. Hier konnte ich mit tatkräftiger Unterstützung von Andrea Trudewind, der Leiterin des Bildarchivs, aus rund 70.000 historischen Fotografien jene auswählen, die mir für den vorliegenden Band am aussagekräftigsten erschienen. Frau Trudewind möchte ich für ihre unermüdliche Hilfe an dieser Stelle besonders herzlich danken. Es ist eine Sache, einen solchen Bildband veröffentlichen zu wollen, eine andere, ihn veröffentlichen zu können. Daß letzteres möglich wurde, ist der Schlösser-Brauerei und dem Heimatverein „Derendorfer Jonges" zu verdanken. Ohne deren großzügige Unterstützung wäre diese Reise in die Vergangenheit nicht möglich gewesen.

Widmen möchte ich dieses Buch meiner Mutter, die mich jahrelang zu den Spielgeräten auf Klever- und Frankenplatz begleiten durfte, und meinem Vater, dem sicher viele Ansichten bekannt vorgekommen wären.

Düsseldorf-Derendorf, im Februar 2002

1
Vom Kaiserreich bis zum Ersten Weltkrieg

„Da recken sich die zahllosen Birn- und Kirschbäume in die Luft, und wenn sie blühen, so sieht es aus, als wären die Schäfchenwolken in Mengen herniedergestiegen, um für eine kurze Spanne hier im alten Derendorf zu verweilen.“ (Aus dem Bericht eines Zeitzeugen im 19. Jahrhundert)

Das „Dorf im Gebüsch“ ist die ursprüngliche Bedeutung des Namens Derendorf. Diesen Eindruck vermittelt der Stadtteil noch um 1900, als diese Aufnahme der Buschermühle entstand. Die Stadt erwarb sie 1790 von Derendorf für 2.000 Reichstaler.

Eher dörflichen als städtischen Charakter besitzt auch diese Fotografie der ersten Derendorfer Kirche Ecke Münster- und Barbarastraße. Die Dreifaltigkeitskirche wurde am 8. Dezember 1693 eingeweiht und stand dort bis 1889.

Für die materielle Ausstattung der Pfarrei sorgten die Stiftungen Heinrich Arnold und Peter Sommers, Kanoniker des St.-Lambertus-Stifts in der (heutigen) Altstadt und Mitglieder einer Düsseldorfer Rats- und Beamtenfamilie. Hier ein Blick in den Altarraum.

1856 wurde in Düsseldorf das erste Schützenfest seit der Revolution von 1848 gefeiert. Bald darauf gab es Schützenfeste, verbunden mit Jahrmärkten, auch in Pempelfort und Derendorf. Prompt wurden Forderungen laut, die Festivitäten einzuschränken, um Alkoholismus und Bummelantentum einen Riegel vorzuschieben. Trotz der Mahnungen ließen sich die Derendorfer im Jahre 1880 offensichtlich nicht davon abhalten, das Schützenfest auf der Golzheimer Insel zu besuchen.

Nicht nur Blut, auch Bier ist ein ganz besonderer Saft. Wo wüßte man das besser als in Derendorf mit seiner jahrhundertealten Brautradition? In den letzten Dekaden des 19. Jahrhunderts betrieb die Witwe Lichtschlag die Hirschbrauerei auf der Duisburger Straße. Das Bild stammt aus dem Jahre 1890.

Die „Bierflotte" des Schwabenbräu hat sich zum Gruppenfoto versammelt. Um die Jahrhundertwende wurden auf diesen Wagen die Fässer in die Schankhäuser transportiert.

Auch diese Herren von der Schlösser-Brauerei haben sich um 1900 mit gebührendem Ernst für den Fotografen zusammengefunden. Im Mittelpunkt ihres (zumindest beruflichen) Interesses: das Bier.

Noch bis in die 60er Jahre des 20. Jahrhunderts wurde das Bier der Dieterich-Hoefel-Brauerei von der Duisburger Straße aus mit Hilfe der prächtig aufgeputzten Pferde zu den Gaststätten gebracht.

Die vierte im Bunde der Derendorfer Brauereien: Die Hirschbrauerei. In den 20er Jahren des 20. Jahrhunderts befindet sie sich in der Tußmannstraße.

Und in Häusern wie diesem wurde der Gerstensaft unters Volk gebracht: 1894 hatte Wilhelm Ploums Witwe eine Schankwirtschaft, die an der Ecke Glocken- und Ulmenstraße stand. Vorne rechts im Bild ist ein Stationskreuz zu sehen.

Die alte Dreifaltigkeitskirche war ab etwa 1885 zu klein – und auch baufällig – geworden. 1889 beschloß man einen Neubau ; mit der Realisierung wurde der Architekt Caspar Clemens Pickel beauftragt. 1892 wurde die Kirche eingeweiht. So präsentierte sie sich von der Jülicher Straße aus.

Nicht für das Leben, sondern für die Schule lernen wir … Bei der kasernenartigen Architektur des alten Prinz-Georg-Gymnasiums ist der Spruch in dieser Form durchaus angemessen. Im Vordergrund ist ein kleines Stück der Düssel zu erkennen.

Als großzügige Allee präsentierte sich die Prinz-Georg-Straße um 1900. Rechts im Bild der Eingang zur Rochuskirche.

Die zwischen 1894 und 1897 nach Entwürfen des Architekten Josef Kleesattel erbaute Rochuskirche in Pempelfort war das größte katholische Gotteshaus in ganz Düsseldorf. Kleesattel war zwanzig Jahre lang Direktor der Kunstgewerbeschule.

Hier werden die vier Glocken der Rochuskirche präsentiert, über die der Verkehrsverein im Jahre 1913 schrieb, sie sei „eines der schönsten Bauwerke romanischen Stils im deutschen Westen“.

Und so sah die Prinz-Georg-Straße, zehn Jahre später, aus der Vogelperspektive aus. Es handelt sich um eine der ersten (wenn nicht sogar die erste) Luftaufnahme des Viertels. Von links oben nach rechts unten verläuft die Parkstraße.

Der „Geheime Baurat Dr. Ing. h.c. Heinrich Ehrhardt“ (1840-1928) sorgte mit der Gründung der „Rheinischen Metallwaaren- und Maschinenfabrik Actiengesellschaft“ ab dem Jahre 1889 für den nachhaltigsten „Industrialisierungsschub“ in Derendorf.

1890 sind 300 Arbeiter und 100 Arbeiterinnen im Düsseldorfer Hauptwerk an der Ulmenstraße beschäftigt. Bis zum Jahr 1910 steigt die Zahl der Beschäftigten auf über 6.000.

Die „Offiziersspeiseanstalt" der zwischen 1893 und 1898 erbauten Kasernen an der Roßstraße. Hier zieht gerade die Feldartillerieabteilung mit einem Geschütz vorbei.

Ab 1902 konnten die Derendorfer das ganze Jahr über schwimmen gehen. Das „Münsterbad" an der Münsterstraße wurde am 9. April der Öffentlichkeit übergeben. Diese Aufnahme entstand 1930.

Die dritte katholische Kirche in Derendorf, die Herz-Jesu-Kirche, wurde 1905 in der Roßstraße erbaut, wiederum nach Plänen des Architekten Josef Kleesattel. Der Stadtteil hatte sich weit nach Norden ausgedehnt, so daß vielen Katholiken der Weg zur Dreifaltigkeitskirche zu weit geworden war.

Um 1902 verschwanden die Pferdefuhrwerke allmählich von den Straßen. Die Stadt begann, sich ein Verkehrsnetz für das neue Jahrhundert zu schaffen. Am 15. März 1902 wurde der Straßenbahnhof an der Münsterstraße in Betrieb genommen.

Für ihn waren die Straßenbahnen keine Konkurrenz: Eduard Pabst, ein Derendorfer Original, kam für die Ausübung seines Berufes weiterhin mit einem PS aus. Hier stellt er sich an der Ecke Schloß- und Stockkampstraße für den Fotografen in Positur.

In Derendorfs erster „Städtischer Oberrealschule“ an der Scharnhorststraße läutete die Glocke erstmals am 25. April 1908 zum Unterricht. Mehr oder weniger erwartungs- und/oder angstvoll: Die Pennäler der ersten Stunde.

So feierten die „Oberen Zehntausend“ bei einer Gartenparty, zu der Prinz Karl von Hohenzollern in den Park von Schloß Jägerhof im Sommer 1907 einlud.

Wie eine kunstvoll ausgeleuchtete Szene aus einem expressionistischen Film wirkt diese Fotografie, die um 1910 von der Franklinstraße aus aufgenommen wurde und den Blick in die Prinz-Georg-Straße hineinzieht. Links ist das Prinz-Georg-Gymnasium zu sehen.

„Wir gelangten nach … Pempelfort, dem angenehmsten und heitersten Aufenthalt, wo ein geräumiges Wohngebäude … einen sinnigen und sittigen Kreis versammelte“, schrieb Goethe über einen Besuch bei Friedrich Heinrich Jacobi in „Dichtung und Wahrheit“. Hier ließ sich Ende der 1860er Jahre im Knappengut „Haus Pempelfort“ der Brite Thomas William Mulvany nieder, einer der Begründer der Stellung Düsseldorfs als Sitz von Verbänden.

Auf seinem Grundstück hatte der Anglikaner Mulvany 1899 eine eigene Kirche erbauen lassen, die im Zweiten Weltkrieg zerstört wurde. Diese Aufnahme entstand im Winter 1920.

Um den Altarraum verläuft – auf Englisch – der Spruch aus dem Evangelium nach Matthäus: „Kommet her zu mir alle, die ihr mühselig und beladen seid.“ (11,28)

Die am 6. September 1904 eröffnete Synagoge an der Kasernenstraße, die nach Entwürfen des Architekten Josef Kleesattel erbaut worden war – hier eine Aufnahme von 1910.

Die Synagoge ging am 10. November 1938, der so genannten Reichskristallnacht, in Flammen auf. Es ist das einzige Foto, das diesen barbarischen Akt dokumentiert.

Ersetzt wurde die Synagoge, stilistisch sehr viel schlichter und sachlicher, in den 50er Jahren durch einen Neubau in Derendorf. In der Zietenstraße entstand zwischen 1956 und 1958 das Gebäude, das am 7. September 1958 eingeweiht wurde.

Großreinemachen für den Fluß, dem die Stadt ihren Namen verdankt: Der Düsselbach wird in Höhe der Kühlwetterstraße gesäubert. Die Aufnahme entstand um 1910.

Architekt Josef Kleesattel entwarf auch die vierte katholische Kirche von Derendorf. Die Pfarrkirche Heilig Geist bot 400 Gläubigen Platz und wurde am 7. Dezember 1911 geweiht; die feierliche Konsekrierung fand erst zwei Jahre später statt.

1911 bekam auch Derendorf seine eigene Feuerwehr. Die Hauptfeuerwache an der Münsterstraße wurde am 6. Dezember fertiggestellt. Insgesamt waren in jenen Jahren 178 Feuerwehrleute mit der Brandbekämpfung in Düsseldorf beschäftigt.

Die Fahrzeughalle der Hauptfeuerwache. Kuriosum am Rande: 1917 ordnete Branddirektor Petersen an: „In gegebener Veranlassung verbiete ich hiermit aus Gründen der Disziplin das Duzen während des Dienstes auf den Wachen zwischen Oberfeuerwehrmännern und Feuerwehrmännern auf das strengste."

Um die Wende vom 18. zum 19. Jahrhundert lebte der Hofkammerrat Johann Franziskus Collenbach auf dem Collenbachschen Gut in Derendorf. Später wohnte hier der Theaterleiter Karl Leberecht Immermann. Zu seinen Freunden, die hier verkehrten, gehörten der Dramatiker Christian Dietrich Grabbe, der Maler Friedrich Wilhelm Schadow und der Komponist Felix Mendelssohn-Bartholdy.

Wo das Collenbachsche Gut stand, baute man 1899 den Predigtsaal der Evangelischen Gemeinde. Am 21. September 1910 wurde nebenan die Kreuzkirche, erbaut von dem Architekten Karl Wilhelm Schleicher, eingeweiht. Ihren Namen erhielt sie wegen ihres Grundrisses, der ein gleicharmiges Kreuz bildet.

Insgesamt vier dieser in Bronze gegossenen Glocken riefen die Gläubigen zur Versammlung in die Kreuzkirche. 1917 mußten die Glocken zum Einschmelzen als Kriegsmaterial abgeliefert werden. Bis 1924 war die Kreuzkirche ohne Geläut.

Droschkenstand vor der Kreuzkirche. So sah um 1911 die heute baumbestandene Kleverstraße aus, die am Rheinpark endet. Im Hintergrund ist schemenhaft das Oberlandesgericht an der Cäcilienallee zu erkennen. Es wurde 1906 eröffnet.

Ein Ort zum Entspannen, Plaudern und Tratschen: Der Münsterplatz, im 17. Jahrhundert der Friedhof von Derendorf. Seit 1903 hatte das Grünareal seinen Namen. An der Topographie der Umgebung hat sich bis heute nichts geändert: Links verläuft die Münster-, rechts die Becherstraße, und am oberen Ende quert die Barbarastraße.

Als die „Supermärkte“ noch Kolonialwarenhandlung hießen: Wenigstens drei der vier Kinder im Haus Rosenstraße 62 nehmen den Mann mit der Kamera wahr, der 1910 auf Motivsuche ist. Dem Jüngsten dagegen ist es egal, daß er für die Ewigkeit festgehalten wird.

Im Jahre 1910 wurden die beiden Seitenflügel von Schloß Jägerhof abgerissen. Dazu bemerkte der Maler und Schriftsteller Adolf Uzarski: „Der Jägerhof, ein hübsches, altes Barockschlößchen mit einem modernen Gitter. Früher sah es noch besser aus, als das Gitter noch nicht da war und die Seitenflügel noch standen. Leider hat man … diese beiden Seitenflügel – wie bei allem, was in Düsseldorf Flügel hat – abgerissen."

Wie eine Festung innerhalb der Stadt wirkt der Häuserkomplex an der Essener Straße, die nach Osten und Westen durch Torbögen betreten werden muß. Hier hat die Stadt 1912/13 Kleinwohnungen für Familien errichtet. Auf der rechten Straßenseite, vom Torbogen verdeckt, liegt die Volksschule an der Essener Straße. Sie wurde 1906 eröffnet.

Wer spritzt wen zuerst naß – oder lieber doch nicht? Wer weiß, wievielen Müttern der Hofbrunnen in der Wohnanlage Essener Straße zu Schimpftiraden Veranlassung gab.

Die letzten Tage des Friedens: Vor dem Haus Roßstraße 43, in dem links das Friseurgeschäft Jean Sünder und rechts die Kolonialwarenhandlung Max Slupinski ihre Dienste anboten, haben die Hausbewohner sich 1914 zum Gruppenbild aufgestellt.

2
1914-1918

„Der 2. August [1914] bringt die Allgemeine Mobilmachung ... Schon in der Nacht war ich geweckt worden. Die Tannenstraße war voller Menschen. ... In der Kaserne lärmte und rumorte es. Befehle konnte ich brüllen hören und Signale. Ordonnanzen sehe ich aus der Kaserne reiten und fahren und bald wieder zurückkommen. Heute noch sollen die 39er ausrücken. Da gab's noch viel zu tun. Der Tornister mußte gepackt, Brotbeutel und Feldflasche gefüllt, die Decke gerollt und die scharfe Munition empfangen werden. Und die Offiziere hatten noch eine Besprechung. Hurra, Hurra! Nur noch eine Stunde, dann ging's los gegen die Franzmänner, unsere Feinde." (Wilhelm Golls, S. 338 ff.)

Zwischen 1893 und 1898 wurde an der Tannenstraße die Kaserne für das Niederrheinische Füsilier-Regiment Nr. 39 gebaut. Als die Soldaten 1866 nach Düsseldorf kamen, wurden sie zunächst in Kasernen an der Königsallee untergebracht. Vier Jahre später mußten sie in den Krieg gegen Frankreich ziehen; Höhepunkt dieser Schlacht war der Kampf um die Spicherer Höhen in Lothringen. Daran erinnern Spichernstraße und Spichernplatz.

1818 war das Füsilier-Regiment gegründet worden. Es lag zunächst in der Festung Luxemburg, ab 1851 in Mainz und ab 1862 in Koblenz. Das Bild, aufgenommen bei einer Wiedersehensfeier nach dem Ersten Weltkrieg, zeigt links einen 39er um 1870, in der Mitte einen Soldaten aus dem Jahr 1818, und rechts einen 39er, wie er 1914 in den Ersten Weltkrieg zog.

Das Ehrenmal auf dem Frankenplatz erinnert an die 39er, die zwischen 1904 und 1908 in der ehemaligen Kolonie Deutsch-Südwestafrika bei der Niederschlagung des Aufstands der Ur-Bevölkerung – Hereros und Hottentotten – gefallen sind. Das Denkmal wurde 1909 mit Spenden des Regiments errichtet.

„Bekanntmachung: Ich bringe hiermit zur öffentlichen Kenntnis, daß der Kriegszustand erklärt ist. Den Anordnungen und Aufträgen der Militärbefehlshaber ist Folge zu leisten. Düsseldorf, den 31. Juli 1914." Unterzeichnet hatte die Bekanntmachung der Landrat Dr. von Beckenrath. Die ersten Zivilisten – der Jahrgang 1895 – versammeln sich auf der Brücke am alten Derendorfer Bahnhof.

Abmarsch zum Zug: Die eingezogenen Reservisten strömen in das Gebäude des alten Derendorfer Bahnhofs.

Der 1. August 1914 war ein Samstag – der Tag, an dem Deutschland Rußland den Krieg erklärte. Am 2. August fand die allgemeine Mobilmachung statt. Einer der zentralen Sammelplätze für die Soldaten war die Scharnhorstschule.

Wo sonst Schüler in den Pausen tobten, wimmelte es nun von Soldaten, die sich zum Appell versammelten.

Als wär's ein Betriebsausflug: Soldaten posieren für den Fotografen auf den Korridoren der Scharnhorstschule.

Kein Platz mehr für die Kunst: Im Zeichensaal wurde ein Schlafsaal errichtet. Ob die vier Kinder im Vordergrund gekommen sind, um von ihren Vätern Abschied zu nehmen?

Auch im Krieg muß man sauber bleiben: Die provisorische Waschküche auf dem Gelände der Scharnhorstschule.

In den ersten Augusttagen waren sowohl die Soldaten als auch die Zivilbevölkerung davon überzeugt, daß der Krieg schnell beendet werden würde. Deshalb sahen sie den kommenden Ereignissen relativ gelassen entgegen.

Die ersten Auswirkungen des Krieges machten sich bemerkbar: Weil die Pferde an der Front gebraucht wurden, mußten Ochsen, Esel und Mulis ihre Arbeit beim Städtischen Fuhrpark übernehmen.

Bereit zur Abfahrt: Die „Ersatzpferde" auf dem Gelände des Städtischen Fuhrparks an der Metzer Straße. Er war seit April 1910 in Betrieb.

Einsatz vor der Kreuzkirche: Ochsengespanne sorgen für Sauberkeit in Derendorf.

Ein Jahr nach Kriegsbeginn war immer noch kein Ende der Kämpfe abzusehen, und die Kinder mußten weiter auf ihre Väter warten. Der Verein paritätischer Kinderhorte hatte auch auf der Blücherstraße eine Filiale eingerichtet. Das Bild entstand um 1915.

Der Krieg beschleunigt die Emanzipation: 1915 setzte die Rheinbahn wegen fehlender männlicher Arbeitskräfte Frauen ein. Oft wurden sie beim Kassieren des Fahrgelds von jungen Männern beschimpft. Die Bevölkerung wurde aufgerufen, Zivilcourage zu zeigen und die Schaffnerinnen zu unterstützen.

Im Frühjahr 1917 begannen die Düsseldorfer zu hungern. Kartoffellieferungen, die die Stadt zugesagt hatte, waren ausgeblieben. Die Kartoffeln in der Verkaufsstelle in der alten Kapelle des Golzheimer Friedhofs an der Fischerstraße war für die Derendorfer gerade etwas für den „hohlen Zahn“.

Jetzt schlug die Stunde der „Waffenschmiede" Rheinmetall. Waren am 1. August 1914 noch 8.000 Arbeitskräfte beschäftigt, so waren es zwei Jahre später bereits 30.000, 7.300 davon Frauen. Sie arbeiteten beispielsweise an den Bohrmaschinen für Rohrrücklauf-Bremszylinder …

… oder an Maschinen zum „Innenschleifen von Geschützrohrklauen". Die Männer, die sonst hier ihre Arbeit verrichteten, waren eingezogen worden oder hatten sich freiwillig zum Kriegsdienst gemeldet.

Rund um die Uhr wurde auch in der Montagehalle für Geschütze gearbeitet. „Auf Grund der gewonnenen Erfahrungen an der Front und bei den bald eintreffenden Beute-Geschützen schaffen wir schon bald bedeutende Verbesserungen; schließlich auch Neukonstruktionen, die es ermöglichen werden, dem Masseneinsatz des Gegners an Menschen und Material standzuhalten“, so ein Zeitzeuge.

„Bei Verdun besonders geht es hart zu. Die Granaten, die hier täglich verschossen werden, sind nicht mehr zu zählen – und doch nicht genug, um den Gegner niederringen zu können. Das Hindenburg-Programm [das die Straffung, Koordinierung und Steigerung der deutschen Rüstungsproduktion vorsieht] soll darum das Kriegsgeschehen zu Gunsten Deutschlands wenden …“

Am 11. November 1918 war der Krieg zu Ende. „Wir Deutschen hatten die schmählichste Niederlage erlitten, und nun konnten die schwärzesten Befürchtungen Wahrheit werden. Wie überall im Reich stehen auch in Derendorf lange Schlangen fast verhungerter Menschen vor den Lebensmittelläden." Heimkehrende Soldaten trafen am 22. November 1918 in der Jägerhofstraße ein.

Bilanz des Ersten Weltkriegs: In Deutschland waren 1,8 Millionen Soldaten gefallen; 9.581 Düsseldorfer waren darunter. Auf dem Nordfriedhof war für sie schon zu Beginn des Jahres 1918 ein Ehrenfriedhof angelegt worden.

3
Novemberrevolution und Weimarer Republik

„Unruhen, Demonstrationen, revolutionäre Bewegungen und Gegenbewegungen – das sind die Ereignisse, die im Jahr 1919 das Stadtbild prägen. Die erste und gewaltfreie Phase der Revolution unter der Herrschaft des ‚Arbeiter- und Soldatenrats' ... war bereits 1918 abgeschlossen. Die zweite Phase der Revolution verlief dagegen blutig. Schon am 8. Januar 1919 übernahmen die Radikalen im Arbeiterrat, die Spartakisten, die Herrschaft in der Stadt. Ihr Ziel: Das Antreiben der Revolutionen nach russischem Vorbild. Tausende von Menschen demonstrierten auf dem Spichernplatz ... Aus der ‚Ulmer Höh' ... wurden 150 Inhaftierte befreit. Massen von Menschen zogen durch die Arbeiterviertel." („100 Jahre Düsseldorf", WZ)

Schloß Jägerhof, 1918: Ein Bild der Idylle am Vorabend der Novemberrevolution, die das Kaiserreich stürzte und zur Errichtung der Weimarer Republik führte. Links im Bild ist der ehemalige Marstall; darüber ragt der Turm der Rochuskirche.

Am 10. Januar 1919 zogen Mitglieder des Spartakusbundes durch die Stadt und trafen auf Protestzüge der demokratischen Parteien. Die Auseinandersetzungen forderten 13 Tote. Auf Anordnung der Reichsregierung zog am 28. Februar das Freicorps Lichtschlag in die Stadt ein. Die 400 Mann starke Truppe hatte Hauptmann Lichtschlag in Westfalen um sich geschart. Zwei ihrer Mitglieder stehen am 1. März 1919 vor den Toren der Firma Rheinmetall.

Damit die Arbeiter dieses Derendorfer Betriebes von zu Hause zur Arbeit und zurück kamen, wurden sie mit betriebseigenen Lastwagen transportiert.

Um Zusammenstöße mit den belgischen Truppen zu vermeiden, die Heerdt, Ober- und Niederkassel sowie Lörick am 4. Dezember 1918 besetzt hatten, wurde auch auf der östlichen Rheinseite eine „Bannmeile" errichtet, die für Militärangehörige verboten war. Das Schild ist an der Umfassungsmauer des Oberlandesgerichts an der Klever Straße angebracht.

Nach dem Krieg war die Stadt in einer desolaten Situation: Die Menschen litten unter unzulänglichen und krank machenden Wohnverhältnissen und hatten nicht genügend zu essen. Notverpflegungen wurden vom Betriebshof Münsterstraße aus in der Stadt verteilt.

Am 10. Januar 1919 ziehen Spartakisten durch die Stadt. Es kommt zu Schießereien, auch in Derendorf. Die Opfer dieses Tages, des „Blutfreitags", wurden am 17. Januar 1919 auf dem Nordfriedhof beigesetzt. Einen Tag später wurde in Paris die Friedenskonferenz eröffnet, an deren Ende der Versailler Vertrag stand, der am 28. Juni 1919 unterzeichnet wurde. Am 11. August trat die Verfassung der Weimarer Republik in Kraft.

Krieg und Revolution scheinen an diesem Teil von Derendorf spurlos vorübergegangen zu sein: Die Buschermühle, um 1922. Im Hintergrund ragt der Schornstein der Firma Rheinmetall in den Himmel.

Neben den Unruhen und den Revolten bereitete auch die Natur den Menschen Unannehmlichkeiten: Am 8. März 1922 zog ein Orkan durch Düsseldorf, der die Bäume im Hofgarten an der Kaiserstraße wie Streichhölzer knickte.

Weil das Deutsche Reich Kriegsentschädigungen an Frankreich nicht gezahlt hatte, besetzten französische Truppen am 8. März 1921 Düsseldorf, Duisburg und Ruhrort, um eine Zollmauer um das Rheinland zu errichten. Zwei Jahre später wählte Ministerpräsident Raymond Poincaré Düsseldorf als Ausgangspunkt für die Ruhrgebietsbesetzung. Hier versammeln sich die französischen Truppen vor dem Eingang der Rheinmetall-Werke …

… und treiben kurz darauf die gesamte Belegschaft aus dem Werk.

Die Firma Rheinmetall hatte sich geweigert, mit der „Regie-Bahn“ zu kooperieren – einer Bahn mit französischem Personal und französischen Fahrkarten. Deshalb verwüsteten die Franzosen das Kesselhaus …

… und die Werkzeugausgabe-Halle.

Die Spur der Verwüstung zieht sich auch durch das Laboratorium …

… und das Materiallager. Der Grund für die Zerstörungsorgie: Die Besatzer suchten nach Lokomotiven, mit deren Hilfe Reparationsgüter nach Frankreich transportiert werden sollten.

Ab dem Frühsommer 1923 versuchten die von den Franzosen aufgebauten und unterstützten Separatisten, eine vom Reich und Preußen abgetrennte Rheinische Republik zu etablieren. Am 30. September veranstalteten sie eine Großkundgebung, bei der es in ganz Düsseldorf zu Auseinandersetzungen mit der Polizei kam. Auf der Ulmenstraße durchsuchen Polizisten Passanten nach Waffen.

Die Ruhrgebietsbesetzung war gescheitert. Am 25. August 1925 ziehen die Franzosen aus Düsseldorf – hier vor Schloß Jägerhof – ab.

Kaum hatten die Franzosen die Stadt verlassen, gab es auch schon wieder Paraden anderer Art: Der St.-Sebastianus-Schützenverein zieht durch Derendorf.

Die zwei Gesichter eines Stadtteils: Hier die noch nicht befestigte Ulmenstraße im Jahre 1924 (halblinks sind die Kasernen des 39. Infanterie-Regiments zu sehen, im Hintergrund ist der Turm der Herz-Jesu-Kirche auf der Roßstraße auszumachen …

… und hier die 1925 schon sehr großstädtisch erscheinende Nordstraße. Links um die Ecke vom Kaufhaus Albert Herdt biegt man in die Kaiserswerther Straße ein; im Hintergrund rechts ragt der spitze Turm der Kreuzkirche über die Hausdächer.

Und so verändert sich in nicht einmal vierzig Jahren das Gesicht einer Straße: 1926 beherrschte das Restaurant „Sterneck“ das Bild.

1964 ist die Kamera noch einmal in nahezu die gleiche Position gebracht worden: Die Gebäude von einst sind einer gesichtslosen Häuserzeile gewichen.

Das Restaurant „Zum Luftballon" Ecke Nord- und Fischerstraße verdankt seinen Namen dem nahegelegenen Freigelände, das Ballonfahrer zu Beginn des 19. Jahrhunderts für ihre Aufstiege nutzten. An dieser Stelle wurde auch Napoleon I. am 2. November 1811 von den Düsseldorfern jubelnd empfangen. Heute erinnert nur noch der Name einer Straßenbahnhaltestelle an das Lokal, das 1943 zerstört wurde.

Drei Generationen stehen in den 20er Jahren stramm fürs Gruppenfoto: Die Kinder der Schloß- und Jordanstraße versammeln sich um 1925 auf der Straße. Man beachte, daß der Roller rechts im Bild für heutige Verhältnisse erstaunlich modern wirkt.

„Ohne Musik wäre das Leben ein Irrtum“: Die Mitglieder des Jugendchors und -orchesters der Kreuzkirche, aufgenommen 1925, scheinen nicht unbedingt Nietzsches Ansicht zu teilen.

Schon eifriger bei der Sache ist der Mädchen-Musikkreis, der am 1. Juni 1930 anläßlich der Einweihung des Gemeindehauses der Kreuzkirche klampfte, fidelte und sang.

Links im Bild ist der Betsaal der Kreuzkirche, zu dessen Inauguration der Mädchen-Musikkreis zusammengekommen war.

Prominenter Besuch auf der „Gesolei“, der Ausstellung für Gesundheit, soziale Fürsoge und Leibesübungen 1926 im Ehrenhof: Der Sensationsdarsteller Harry Piel (auf der dritten Stufe mit dem Fuß auf dem Pfosten), ein echter Derendorf Jung – er wurde auf der Tannenstraße geboren – macht Reklame für „Vasenol“-Kinderpuder.

Und so kennt man ihn besser: Harry Piel mit seinen Kolleginnen Eva und Camilla Horn (rechts), die der Ausstellung ebenfalls einen Besuch abstatten.

Derendorfs sportliche Helden: Die 1. Fußballmannschaft (von insgesamt vier) des Ballspielvereins 04 e.V., der 1904 in einer Wirtschaft in der Schloßstraße gegründet wurde und 1922 die Kreismeisterschaft errang. Zu welchem Zweck der Knabe in der Bildmitte sitzt und zu wem er gehört, war nicht herauszufinden.

Herausgeputzt für den Sonntagsspaziergang – oder nur für den Fotografen?

Zu den Höfen geringeren Umfangs, die Adel und Bürgertum zur Verpachtung anboten, gehörte der Stockamperhof in Derendorf. 1779 kaufte ihn der Regierungsrat Georg Joseph von Knapp für 3.200 Reichstaler.

Daraus wurde später das „Stockkämpchen“, ein beliebtes Derendorfer Ausflugs- und Tanzlokal. Diese Bilder entstanden kurz vor seinem Abriß im Jahre 1929.

Zum Gedenken an Albert Leo Schlageter, der 1923 von den Franzosen wegen Sabotage hingerichtet worden war – er hatte eine Eisenbahnbrücke gesprengt, um die Kohletransporte nach Belgien und Frankreich, Teil der Reparationszahlungen, zu verhindern –, treffen sich SA-Männer 1928 zum „Schlageter-Tag" auf der Golzheimer Heide.

Jupp Rübsam schuf 1928 das Kriegerdenkmal der 39er vor dem Planetarium im Ehrenhof. Es wurde von nationalsozialistisch gesinnten Kreisen verunstaltet und auf deren Verlangen im März 1933 entfernt.

Die ganze Pracht des Frühlings zeigt sich im Mai 1929 auf dem Clever Platz. Im Hintergrund die Häuserzeile der Pfalzstraße. Darüber ragt der Turm der Kreuzkirche.

Messerscharf geschnitten sind Hecken, säuberlich angelegt Beete und Spazierwege.

Der Clever Platz war (und ist, als Klever Platz, immer noch) auch ein Platz für Kinder: Der Sandkasten war damals der Mittelpunkt des Areals, das an die Schwerinstraße grenzt.

1924 wurde für die immer zahlreicher werdende Bevölkerung Derendorfs „zur Sicherstellung einer einwandfreien Milchversorgung" der Milchhof an der Yorckstraße gebaut. Auf dieser Fotografie von 1937 ist zwischen Schornstein und Bildrand die Buschermühle zu erkennen.

Für eine einwandfreie Qualität der Milch sorgte der Milchkontrolleur.

Zehn Jahre später wurden die Milchflaschen bereits vollautomatisch ausgespült – unter den prüfenden Blicken einer Arbeiterin.

Bis das verderbliche Produkt an die Geschäfte ausgeliefert werden konnte, wurde es im Flaschentiefkühlraum zwischengelagert.

Im Zentrifugenraum wird die Milch geschleudert, wobei sich um die Drehachse der leichte Rahm ansammelt, während die schwerere Magermilch am Rand austritt. Das Endergebnis ist Butter.

Aus der Milch werden Butterstangen, und die werden in handliche, verkaufsfertige Halbpfund-Packungen geschnitten. – Ab den 80er Jahren des 20. Jahrhunderts diente der Milchhof nur noch als Auslieferungslager; kurz danach wurde er abgerissen.

Das älteste Schlachthaus Düsseldorfs ist urkundlich aus dem Jahre 1602 belegt. Nachdem an verschiedenen Stellen der Stadt Schlachthöfe errichtet (und wieder geschlossen) wurden, entstand der endgültige – und heute noch existierende – Schlachthof 1898/99 an der Rather Straße. Was wie Gefängniszellen aussieht, ist der Kühlraum.

Die Maschinenhalle des Schlachthofs. Dieses und das vorhergehende Foto wurden 1930 aufgenommen.

Spaziergänger vor dem Schloß Jägerhof. Im Hintergrund der Turm der Rochuskirche, um 1931.

Die Rochuskirche kam 1930 in die Schlagzeilen: Auf dem Vorplatz wurde am 24. Mai 1930 der Massenmörder Peter Kürten verhaftet. Er hatte acht Morde und mindestens elf Mordversuche begangen. Bis zu seiner Hinrichtung im Juli 1931 saß der „Vampir von Düsseldorf“ in der „Ulmer Höh“ ein.

Albert Leo Schlageter war einer der „Märtyrer“ der Nazis. Ihm zu Ehren errichteten sie 1931 ein gigantisches Holzkreuz auf der Golzheimer Heide. Das Foto wurde eines der meistgekauften Postkartenmotive.

1931 zählte die Düsseldorfer Ortsgruppe der NSDAP rund 6.000 Mitglieder; viele von ihnen waren Jugendliche, die vom Krieg und dessen Folgen geprägt waren. Um ihnen einen Lebenssinn zu vermitteln und sie enger an die Partei zu binden, erfanden die Nazis den „Schlageter-Kult". Am 27. Mai 1931 versammelte sich eine riesige Menge zur Einweihung der Gedenkstätte.

Zwei Jahre später war der „Schlageter-Tag" bereits zu einem nationalen Gedenktag geworden, an dem Jugendgruppen durch die Stadt marschierten – hier der Auszug aus dem Evangelischen Gemeindehaus der Kreuzkirche –, um sich auf der Golzheimer Heide zu treffen.

Auch um 1930 wirken manche Gegenden von Derendorf noch so, als wäre die Zeit spurlos an ihnen vorbei gegangen: Der Thewissenweg, die Stadtteilgrenze Derendorfs nach Norden.

Auf beiden Bildern verläuft rechts der Nordfriedhof; auf der linken Seite befinden sich die Friedhofsgärtnereien, und am oberen Bildrand liegt die Golzheimer Heide.

4
Von 1933 bis zum Ausbruch des Zweiten Weltkriegs

„Was für Ungeheuerlichkeiten in diesen Wintertagen ... Die sich häufenden Straßenschlachten zwischen den Nazis, den Kommunisten, dem Stahlhelm und der Eisernen Front – manches Todesopfer ist zu beklagen, selbst die Leichenzüge zu dem Süd- oder dem Nordfriedhof werden noch beschossen, die Krakeler rumoren auch auf der Rheinmetall. Arbeiter, die meist zusammen die Bänke der Schulen ... abgewetzt hatten, zusammen ... ihre Freizeit verbracht [haben] ..., prügeln aufeinander ein. Eine grauenvolle Sendung hat sie alle erfaßt.“ (Wilhelm Golls, S. 642)

Der Frankenplatz im Februar 1933. Er war, wie ein Zeitzeuge beschrieb, vor allem im Sommer „der runde Tisch von Derendorf“, auf dem sich die Anwohner der umliegenden Straßen trafen, um den neuesten Klatsch auszutauschen und sich über die Politik die Köpfe heiß zu reden.

Zum „Tag der Rheinbahn" am 12. Oktober 1934 fuhren ein Originalwagen der Pferdebahn von 1878 und ein moderner Triebwagen auf der Kaiserstraße nebeneinander auf – dem Zwang der Zeit gehorchend, mit Hakenkreuzfähnchen geschmückt. Halbrechts zweigt die Nordstraße ab, auf der linken Seite sieht man die Hälfte vom Restaurant „Zum Luftballon".

Am 13. Juni 1936 war nach Auflösung aller bis dahin bestehenden kolonialen Verbände im Deutschen Reich der Reichskolonialbund gegründet worden. Die Gauverbandstagung fand vom 14. bis zum 16. Mai 1937 in Düsseldorf statt. Einer der Treffpunkte war der Frankenplatz.

Am Ehrenmal auf dem Frankenplatz hält der Bundesführer, General Franz Ritter von Epp, eine Rede.

Staatsbesuch in Düsseldorf: Die Wagenkolonne Hitlers rollt über die Jakobistraße.

Und so sehnsüchtig wurde er von der Düsseldorfer Bevölkerung erwartet: Hier drängen sich die Menschen auf der Jacobistraße, um einen Blick auf Hitler zu erhaschen.

Derendorf im Begeisterungstaumel: der „Führer“ passiert das „Haus des Einzelhandels“ auf der Kaiserstraße.

Der „Ehrenbürger von Düsseldorf" auf dem Balkon von Schloß Jägerhof. Bereits am 4. April 1934 war Hitler und Hermann Göring im Kaisersaal der Tonhalle durch Düsseldorfs Gauleiter Friedrich Karl Florian die Ehrung zuteil geworden.

Anschließend fährt Hitler in die „Reichsausstellung Schaffendes Volk" auf dem Gelände des eigens dafür angelegten Nordparks. Das begeisterte BDM-Mädchen nimmt er gar nicht wahr: Er interessiert sich offenbar mehr für die Pimpfe. Rechts neben Hitler steht Gauleiter Florian.

Der Direktor der Ausstellung, Dr. Maiwald (links), begleitet den „Führer" persönlich durch die Hallen. Hinter Hitler ist links Reichsminister Albert Speer zu sehen.

Dieser Teil der Ausstellung dürfte auf das besondere Interesse Hitlers gestoßen sein: Es ist die Halle „Deutscher Lebensraum".

Vertreter der „Niederrheinischen Musterbäckerei" begrüßen strahlend ihren „Führer".

1937 wurde vor dem Haupteingang des Nordfriedhofs eine neue Wartehalle errichtet. Der Kiosk auf der linken Seite trug Sorge für die Bedürfnisse der Lebenden.

Auf malerische Weise verwildert wirkt der Nordfriedhof, der am 1. Mai 1884 eröffnet worden war. Hier wurden im Lauf der Jahrzehnte prominente Düsseldorfer Bürger beerdigt, unter anderem der Maler Andreas Achenbach (1910) …

… und die langjährige Leiterin des Düsseldorfer Schauspielhauses, Louise Dumont (1932). Das Denkmal schuf Ernst Barlach.

Bilder aus dem letzten Friedensjahr: Quer im Vordergrund verläuft die Nordstraße, nach links geht die Mauerstraße ab, die 1938 noch Litzmannstraße hieß.

Der Zahn der Zeit nagt unaufhaltsam weiter am Gemäuer der Buschermühle. Im Vordergrund der Düssellauf. Das Bild wurde 1938 aufgenommen.

Ein Beruf, der längst ausgestorben ist: Ein Böttchermeister der Firma Fassfabrik auf der Münsterstraße bei der Arbeit (1938).

Am 13. März 1938, einen Tag, nachdem Hitlers Truppen in Österreich einmarschiert waren, legte der Reichskolonialbund, Ortsgruppe Düsseldorf, einen Kranz vor dem Kolonialdenkmal am Frankenplatz nieder.

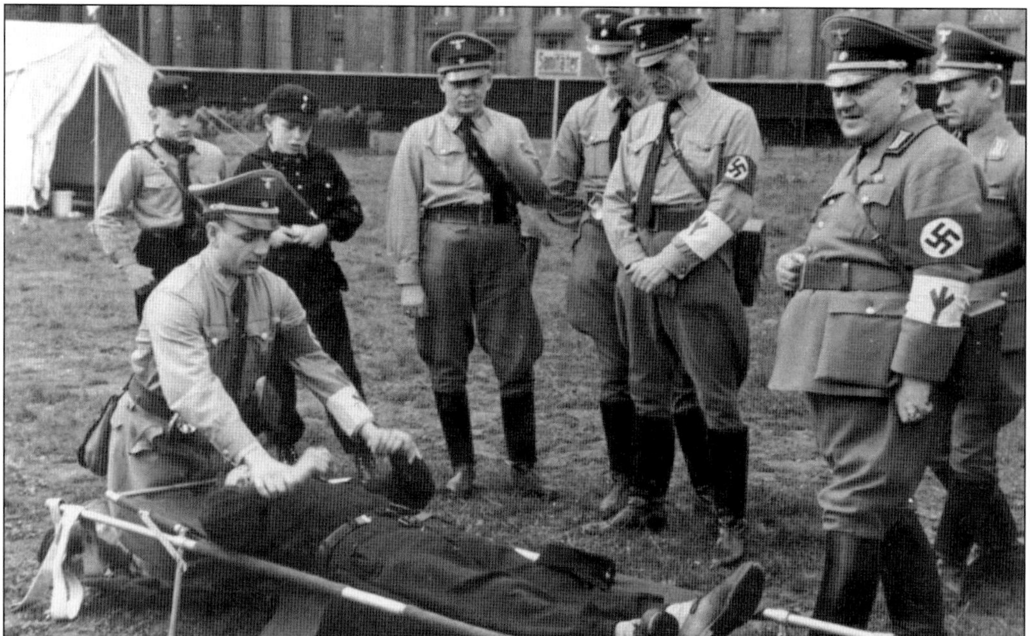

Übung für den Ernstfall, der bald schon Wirklichkeit werden sollte …

Am 29. Mai 1938 demonstriert die Sanitätsbereitschaft der politischen Leiter ihre Erste-Hilfe-Kenntnisse. Im Hintergrund der Giebel der Maschinenhalle an der Schäferstraße.

Und hier eine Übung ganz anderer Art: Im Juni 1938 wurde die „Verkehrsunfallverhütungswoche“ ausgerufen. Die Gruppe der „Verkehrssünder“ biegt soeben von der Fischer- in die Kaiserstraße ein.

Am 28. Februar 1919 war das Freicorps Lichtschlag in Düsseldorf eingezogen, um die Spartakisten zu besiegen. Zum 20. Jahrestag dieses Ereignisses legen führende Vertreter der Nationalsozialisten einen Kranz am Ehrenmal auf dem Ehrenfeld des Nordfriedhofs nieder.

Am 26. Mai 1933 erreichte der Schlageter-Kult einen neuen Höhepunkt: Gauleiter Florian weihte am Eingang der „Ulmer Höh“ eine Gedenktafel für den Freikorpskämpfer ein. In dieser Zelle hatte Alberto Leo Schlageter seine letzten Tage verbracht.

Am 15. Juni 1936 wurde an der Ulmenstraße der Düsseldorfer Großmarkt eröffnet.

Ein „anrüchiges“ Geschäft: Der Fischhandel der Firma Franz Maaßen auf dem Derendorfer Großmarkt im Mai 1939.

5
Der Zweite Weltkrieg

„Erfahrungen des letzten Krieges, Vernunft und Gewissen gehen unter in den täglichen Siegesmeldungen, in dem gewalttätigen imperialistischen Ausdehnungsdrang der Nationalsozialisten. Kein Gedanke wird daran verschwendet, daß es auch anders kommen kann – man kann sich auch zu Tode siegen – und auf eine namenlose Art vereinsamt, hilflos und verwirrt dem angezettelten Geschehen gegenüberstehen. Immer mehr Männer werden einberufen … Alles müssen sie zurücklassen, was bisher Inhalt ihres Lebens war: Familie, Freunde, Beruf …“ (Wilhelm Golls, S. 769)

Während sich ihre Männer an der Front „zu Tode siegten“, wurden diese Frauen im März 1940 bei der Rheinbahn dienstverpflichtet – wie es ihren Geschlechtsgenossinnen 25 Jahre zuvor schon einmal ergangen war.

Am 14. Mai fielen die ersten Bomben auf Düsseldorf. Eines der Opfer war der Polizeipräsident Fritz Weitzel, der mit militärischem Prunk auf dem Ehrenfeld des Nordfriedhofs beerdigt wurde.

Hitler hatte es sich nicht nehmen lassen, dem Polizeipräsidenten einen Kranz zu schicken.

1933 hatten noch 5.053 jüdische Mitbürger in Düsseldorf gelebt; sechs Jahre später waren es nur noch 1.813. Im Oktober 1941 begannen die Deportationen. Am 27. Oktober verließ der erste Güterzug den Derendorfer Bahnhof in Richtung Lodz (Litzmannstadt); am 8. November folgte der zweite, der nach Minsk fuhr. Um die Demütigung auf die Spitze zu treiben, wurde der Derendorfer Schlachthof als Sammelplatz bestimmt.

Im Sommer 1941 begann der Luftkrieg über Düsseldorf. So sah es am 17. August auf der Frankenstraße, Haus Nummer 31, aus.

Die Folgen des Krieges, der bei der Bevölkerung auf weit weniger Begeisterung gestoßen war als der Ausbruch des Ersten Weltkriegs, sind bereits nach einem halben Jahr zu spüren: Auf der Nordstraße stehen die Derendorfer im März 1940 für Lebensmittel Schlange.

Noch steht eines der traditionsreichsten Derendorfer Restaurants, der „Piefedeckel", unversehrt; ebenso unversehrt sind die Häuserzeilen der Jülicher und Schloßstraße. Nur die Fassaden sind durch Fahnen und Flaggen verunstaltet ...

1942 wurden die Bombenangriffe intensiviert. Der erste große Vernichtungsschlag traf die Stadt in der Nacht zum 1. August: 1.000 Brände, verursacht durch britische Bomber, mußten gelöscht werden. Einige Tage später wurden die Opfer beerdigt. Hier bilden Hitlerjugend und Jungvolk die Trauergemeinde auf dem Nordfriedhof.

Einen Monat später, am 10. September, fand ein noch schlimmerer Angriff statt: 34.000 Stab- und 10.900 Phosphorbrandbomben vernichteten 549 Gebäude, darunter auch den Brauereiausschank Schumacher auf der Nordstraße. Bei diesem Angriff kamen 132 Düsseldorfer ums Leben; 550 wurden zum Teil schwer verletzt.

Wer machte Schlimmeres durch – die Soldaten an der Front oder ihre Angehörigen zu Hause, die mit ansehen mußten, wie ihre Stadt, ihr Stadtteil und ihre Straße nach und nach in Schutt und Asche gelegt wurden? So sah die Kapelle des Marienhospitals nach dem Angriff am 27. Januar 1943 aus.

Die allmähliche Zerstörung eines Gebäudes zeigt diese Bildfolge: Die Dreifaltigkeitskirche nach dem Luftangriff am 28. Januar 1943.

Am 23. April 1944 wurde das Hauptschiff ein Opfer der Bomben …

… das sich, von innen betrachtet, so präsentierte.

Ungeheure Ausmaße erreichte der Bombenterror ab 1943. Johanna „Mutter" Ey, Förderin zahlreicher Düsseldorfer Künstler, schilderte den schlimmsten Angriff des Jahres, der am 12. Juni stattfand, in einem Brief: „... Von Freitag auf Samstag Nachts um 1/4 vor 1 Uhr kam Alarm ... die Treppe in unserem Haus brannte schon, wir alle flüchteten von einem Keller in den anderen unter den furchtbaren Einschlägen der Bomben über uns ... durch einen Hauseingang über die Straße in das Stadtarchiv in der Prinz-Georg-Straße ... Wir hatten im Munde und um den Kopf nasse Tücher, die Augen konnten wir kaum öffnen vor Dreck und Rauch ..." So sah die Prinz-Georg-Straße am Morgen nach dem Angriff aus – im Hintergrund der zerstörte Turm der Rochuskirche.

Natürlich war auch die „Waffenschmiede" Rheinmetall ein Ziel der Luftangriffe. In der Bildmitte steht das noch relativ intakte Verwaltungsgebäude der Firma, während die Ludendorff-Kaserne auf der rechten Seite unbrauchbar geworden ist.

Vor dem Bunker an der Ecke Moltke- und Eulerstraße stehen Derendorfer Bürger in Erwartung eines Luftangriffs.

So sieht es nach dem Angriff am 23. April 1944 an der Ecke Blücher- und Münsterstraße aus. Die Bilanz dieser Schreckensnacht: „Derendorf trifft es besonders schwer … Besonders hart trifft es die Frankenstraße … Aus dem Trümmerwerk allein dieser Straße werden 93 Tote geborgen. Auch unsere Pfarrkirche Herz-Jesu ist schwer getroffen worden. Gewölbe und Maßwerk sind nur noch Trümmerstücke, das Innere eine Wüstenei."

Der Frankenplatz, Ecke Kanonierstraße. Der Düsseldorfer Schriftsteller Emil Barth notierte: „2. November 1944/Allerseelen, nacht. Trostlose Chronik: wieder ein Unwetter von Eisen und Feuer, und in unserem Städtchen [der Stadtteil Oberkassel] ähnliche Zufälle wie gestern, Brandbomben im Garten und auf der Straße vorm Haus. Wieder Brände, glosend im Nebelrauch."

Für diejenigen Derendorfer, die fast alles verloren haben, wird am Klever Platz nach dem Luftangriff mit der Verteilung von Kleidung begonnen.

Der „Hilfszug Dr. Goebbels“ verteilt am 23. April 1944 Lebensmittel auf dem Münsterplatz.

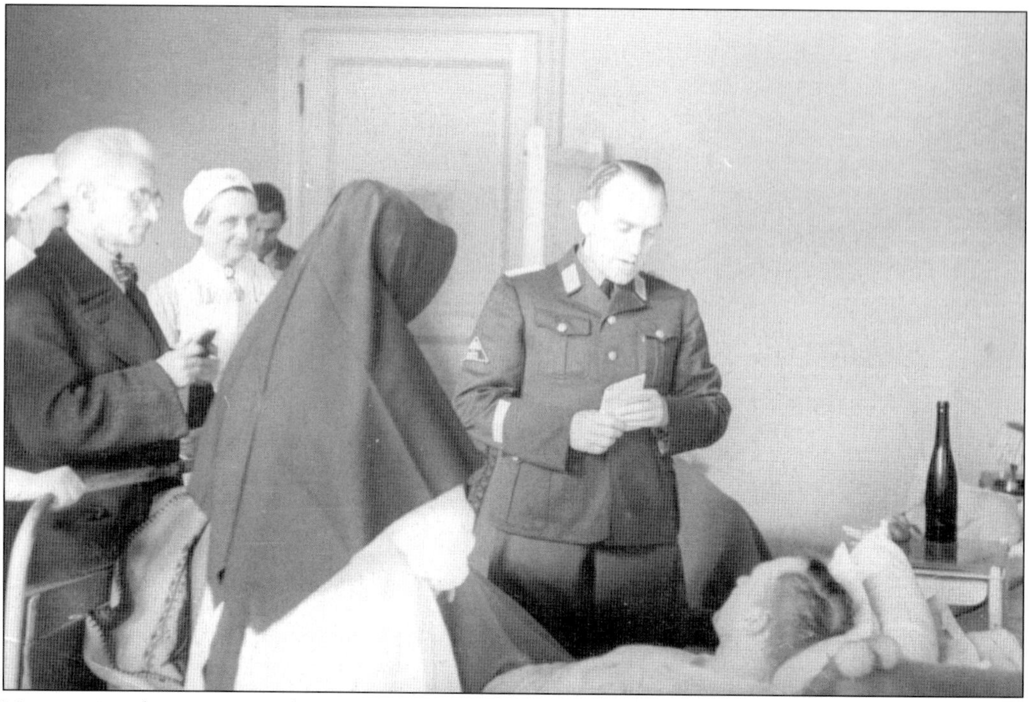

Um seine verletzten Bürger kümmert sich das Stadtoberhaupt persönlich: Oberbürgermeister Karl Haidn besucht nach einem Luftangriff vom 3. November die Verletzten im Marienhospital.

Am 8. Mai 1945 ist der Krieg zu Ende. Ganze Straßenzüge sind niedergemäht; zahlreiche Häuser sind ausgebrannt. So sah es, von einem Lagerplatz auf der Geistenstraße aus gesehen, auf der Rather Straße aus.

Impressionen vom zerstörten Derendorf: Das Gebäude der Schwabenbrauerei an der Münsterstraße.

Die Münsterstraße, Ecke Rather Straße.

Die Geistenstraße mit dem Spichernplatz im Hintergrund.

Die Jülicher Straße. Von hier aus wirkt die Dreifaltigkeitskirche, als wäre sie zum größten Teil noch intakt.

Erst von der anderen Seite zeigt sich das Ausmaß der Bombenschäden.

Das Wohngebiet um die Rochuskirche. Der Düsseldorfer Schriftsteller Rolf Bongs notiert in seiner Bestandsaufnahme „Ein Mann geht durch die Stadt“: „... Zweidrittel der Einwohner sind geflohen. In der Stadt standen an Straßen und in Parks 30.000 Bäume. 20.000 sind zerfetzt, verbrannt, zerschlagen, nackte Gerippe. ... Ein Mann geht durch die Stadt. Er kommt aus einem Lager. Kriegsgefangener. ... Er wird nicht müde, in der Stadt umherzugehen. Er sagt sich: Ich muß das ansehen, einsaugen, einbrennen, daß ich es niemals vergessen kann. ... Sehen und bezeugen.“

6
Nachkriegszeit und Wirtschaftswunder

„Wahrscheinlich gibt es in ganz Deutschland keine andere Stadt wie Düsseldorf, die mit solchem Elan und solcher Tatkraft den Wiederaufbau bewältigte. In der Regierung müssen damals außergewöhnlich tüchtige Männer gearbeitet haben, und die Bevölkerung war mit einer so intensiven Lust an ihrem neuen Leben beteiligt, daß es hier schneller als in anderen Städten wieder zu normalen Verhältnissen kam." (Die Schauspielerin Elisabeth Flickenschildt in ihrer Autobiografie „Kind mit roten Haaren")

Trotz erheblicher Zerstörungen nimmt der Rheinbahn-Betriebshof an der Münsterstraße kurz nach Kriegsende wieder seine Arbeit auf: Ein funktionsfähiges Verkehrsnetz ist (über-)lebenswichtig für eine Stadt.

Ein Bild, wie es in den ersten Nachkriegsmonaten in vielen Straßen zu sehen war: Schutthaufen vor unbewohnten Häusern und – wie an der Markise links im Bild zu erkennen – ein intaktes Geschäft im Nebenhaus – hier auf der Duisburger Straße, Ecke Ehrenstraße.

Auch der fast völlig zerstörte Schlachthof an der Rather Straße wurde im Sommer 1945 wieder instand gesetzt. Im Vergleich zu den Schlachtungen im Jahre 1939 – 112.000 Tiere – wurden 1945 gerade 6.800 Schlachttiere angeliefert.

Die Kriegsschäden waren noch nicht weggeräumt, da sorgte am 1. März 1949 ein Orkan für neue Verwüstungen. Hier sieht man das zerstörte Geschäftshaus der Bildrahmerei Heidkamp auf der Nordstraße.

Wenige Monate nach Kriegsende hatte der Künstlerverein Malkasten nach vierjähriger Unterbrechung seine erste Hauptversammlung einberufen. Bei einer dieser Versammlungen wurde auch beschlossen, alljährlich wieder ein Sommerfest zu veranstalten. Dieses hier fand im Juli 1949 statt. Im Hintergrund ist das wieder errichtete Jacobi-Haus zu sehen.

Die Apotheke an der Ecke Münster- und Ulmenstraße steht heute noch an der gleichen Stelle. Das gleiche gilt für das Lokal am linken Bildrand. Inzwischen sind beide Gebäude natürlich in tadellosem Zustand.

Die schönste Nebensache der Welt hatte auch schon bald wieder ihre Anhänger: 1948 hat sich die 1. Fußballmannschaft des Derendorfer Ballspiel-Vereins 04 samt passiven Mitgliedern in Positur gesetzt beziehungsweise gestellt.

Und die B1-Jugendmannschaft wurde in der Saison 1948/49 sogar Kreismeister.

1949 knüpfte die Stadt an die Messetradition an, die ihr vor dem Krieg Zehntausende von Besuchern beschert hatte: Im März fand die erste Gaststätten- und Hotelfachschau im Ehrenhof statt. Ein sicheres Zeichen dafür, daß sich das Leben allmählich wieder normalisierte.

Noch größeres Interesse zog ein Jahr später die Deutsche Funkausstellung auf sich. Die Herren sind hier unverkennbar in der Überzahl. Die Damen interessierten sich mehr für die Modemesse Igedo, die ebenfalls 1949 zum ersten Mal in Düsseldorf stattfand und ihren Ruf als Modestadt begründete.

1950 wurden nach und nach die Vorkriegsmodelle der Rheinbahn durch diese sehr kastenartigen Wagen ersetzt. Das Modell im Bild wurde 1974 ausrangiert und für Museumszwecke zur Verfügung gestellt. Die Linie 1 fuhr (und fährt heute als 701) auf der Strecke von Rath nach Benrath einmal quer durch Derendorf.

Von der im Krieg zerstörten Rochus-Kirche ist nur der Turm als Mahnmal stehengeblieben. Der seinerzeit futuristisch anmutende Kuppelbau nach Entwürfen des Architekten Paul Schneider-Esleben wurde am 20. August 1954 fertiggestellt und von den Düsseldorfern „Hallelujah-Gasometer" getauft.

Das Häuschen auf dem Münsterplatz, das 1956 als Blumenladen genutzt wurde, steht immer noch. Heute allerdings werden hier keine Blumen mehr, sondern Zigaretten, Zeitungen und Getränke verkauft.

Frühling in der Stadt: Auf dem Spielplatz im Hofgarten ist am 27. Mai 1958 keine Schaukel mehr frei.

Die vermeintliche Idylle ist eine Notunterkunft. Bis in die 60er Jahre lebten Menschen im Kleingartengelände „In der Lohe". Im Hintergrund ist der Turm der Herz-Jesu-Kirche zu erkennen. Später wurden die Schrebergärten eingeebnet, um Bauland für Bürogebäude zu schaffen.

1959 sind die Spuren des Krieges – wie hier auf der Münsterstraße in Höhe der Grundstücke 104 und 106 – noch nicht beseitigt, aber das Wirtschaftswunder kündigt sich bereits an – in Gestalt der Luxuskarrossen am Straßenrand.

Der Bildhauer Jupp Rübsam ist seinem monumental-wuchtigen Stil treu geblieben Die „Drei Nornen“, am Volkstrauertrag, dem 16. November 1958, auf dem Nordfriedhof an der Danziger Straße eingeweiht, erinnern an die Opfer des Dritten Reichs. Das Denkmal trägt den Namen „Glaube, Liebe, Hoffnung“.

Es wird allmählich eng an den Straßenrändern von Derendorf. Wenn auch im Dezember 1959 auf der Kaiserstraße noch keine Verkehrsschilder oder Parkuhren nötig sind, um den ruhenden Verkehr zu regulieren.

Das Alte steht (noch), das Neue ist im Entstehen: Blick durch die Kaiserstraße im Jahre 1959 mit ihren einstmals eleganten Jugendstilhäusern, die bald der Abrißbirne zum Opfer fallen werden, auf das nur schemenhaft erkennbare „Dreischeibenhaus". Der auch „Thyssen-Haus" genannte erste „Wolkenkratzer" Düsseldorfs (91 Meter hoch) wurde am 5. Mai 1960 eingeweiht.

So sah es schon bald auf den meisten Düsseldorfer Straßen aus: Stoßstange an Stoßstange, „stop and go", quälten sich die Autofahrer nach Hause. An diesem Novemberabend des Jahres 1961 war es allerdings besonders schlimm, weil der Feierabendverkehr auf der Jacobistraße auf die Wagen der Besucher der Modemesse Igedo stieß.

Beliebter Treffpunkt und Begegnungsstätte für Kinder und Jugendliche ...

... war das „Haus der Jugend“ an der Lacombletstraße.

Hier konnten die Kleinen spielen, Töpfern und Weben lernen …

… und die Jugendlichen sich beim Tanzen näherkommen.

Seit jeher eine der belebtesten Straßen Derendorfs war die Nordstraße; eine der meistbefahrenen Kreuzungen deshalb der „Dreieck“, wo sich vier Staßen treffen: Nord-, Münster-, Blücher- und Collenbachstraße. Hier sind 1964, also fast 20 Jahre nach Kriegsende, die Spuren der Verwüstung noch nicht beseitigt, sondern mit großen Werbeflächen für erfolgreiche Filme notdürftig kaschiert.

Auch mitten in der Stadt hat der Sommer seine schönen Seiten – zumindest für die kleinen Derendorfer: Der Spielplatz auf dem Münsterplatz im Jahre 1967.

Düsseldorf ist eine Hochburg des Karnevals, und die Stadtteile lassen sich nicht lumpen. Hier salutiert die Prinzengarde „Rot Weiß“ …

… und das „Funkemariechen“ läßt sich – unter den eher kritischen Blicken der gar nicht so amüsiert wirkenden Zuschauer – in die Luft heben. Das Ganze nennt sich „Lachendes Derendorf.“

Das „Mörsenbroicher Ei", die nordöstliche Grenze zwischen Derendorf und Mörsenbroich, wird Mitte der 60er Jahre neu gestaltet. Links im Bild das treppenförmige Gebäude einer Versicherung (an dieser Stelle steht heute das höchste Haus Düsseldorfs); im Hintergrund erkennt man (von links) den Turm der Herz-Jesu-Kirche, die Schornsteine der Firma Rheinmetall und der Brauerei Schlösser sowie den Turm der Dreifaltigkeitskirche.

Beginn einer neuen Ära im städtischen Nahverkehr: Auf der Fischerstraße wird am 24. März 1973 der erste Spatenstich für die U-Bahn-Trasse getätigt. Im Hintergund links die Türme der Adolphus-Kirche.

100 Jahre haben Derendorf radikal verändert. Nur an der Buschermühle, die mittlerweile zu einer Art Wahrzeichen für den Stadtteil geworden ist, scheinen die Jahre vorübergezogen zu sein, ohne Spuren hinterlassen zu haben. Der Eindruck täuscht allerdings: Dank aufwendiger Restaurierungsarbeiten, die auf Initiative des Heimatvereins „Derendorfer Jonges" vorgenommen wurden, ist das Gebäude weitgehend in seinem ursprünglichen Zustand erhalten geblieben: eine Oase der Ruhe im hektischen Großstadtgetriebe.

Sutton Verlag

BÜCHER AUS DÜSSELDORF

Düsseldorf. Eine kurze Stadtgeschichte
Antonia Loick
ISBN-10: 3-89702-424-1 | ISBN-13: 978-3-89702-424-3
9,90 € [D]

Jan Wellem. Geliebter Verschwender
Otto Wirtz
ISBN-10: 3-89702-665-1 | ISBN-13: 978-3-89702-665-0
14,90 € [D]

Das andere Glück. Nachkriegszeit in und um Düsseldorf 1945-1961
Otto Wirtz
ISBN-10: 3-89702-820-4 | ISBN-13: 978-3-89702-820-3
17,90 € [D]

Zeitsprünge **Düsseldorf** und seine Ausflugsziele
Peter Berrenberg
ISBN-10: 3-89702-777-1 | ISBN-13: 978-3-89702-777-0
17,90 € [D]

Frauenalltag in **Düsseldorf**
Erzählte Geschichte
Sabine Jürgens und Astrid Kierdorf
ISBN-10: 3-89702-301-6 | ISBN-13: 978-3-89702-301-7
12,90 € [D]

Düsseldorf-Benrath
Wolfgang D. Sauer und Peter Bullemer
ISBN-10: 3-89702-737-2 | ISBN-13: 978-3-89702-737-4
17,90 € [D]

Düsseldorf-Unterrath und -Lichtenbroich
Heinz Baumgarten und Monika von Wrisberg
ISBN-10: 3-89702-893-X | ISBN-13: 978-3-89702-893-7
17,90 € [D]